BORDS DU RHIN.

SABINA

LA SCULPTRICE.

ÉPISODE STRASBOURGEOIS DU XVe SIÈCLE.

TYPES ARCHÉOLOGIQUES.

STRASBOURG

IMPRIMERIE DANNBACH, GRAND'RUE, 9.

1857.

BORDS DU RHIN.

SABINA

LA SCULPTRICE.

ÉPISODE STRASBOURGEOIS DU XVe SIÈCLE.

TYPES ARCHÉOLOGIQUES.

STRASBOURG

IMPRIMERIE DANNBACH, GRAND'RUE, 9.

1857.

A M. F. PITON*,

Historien et archéologue à Strasbourg.

Permettez, Monsieur, que je vous offre la dédicace de ce petit livre qui est tout à vous et qui vous revient de droit. Puissent ces quelques types, caractères et peintures de mœurs, donner au lecteur l'idée d'une époque aussi variée que pittoresque. Puissent ces quelques pierres précieuses, détachées de votre monument historique et enchassées dans l'anneau de l'imagination, se porter à chaque doigt et servir de souvenir à Strasbourg, la vieille Argentora, la cité reine du Rhin.

Agréez, Monsieur, pour les bontés dont vous m'avez entouré ma plus vive reconnaissance.

* *Strasbourg illustré* (2 vol. in-4°). L'ouvrage résume Grandidier, Schadeans, Schœpflin, Specklin, Kœnigshofen, etc., illustré par A. Touchemolin.

I.

Sie liess ihr Auge thrænenschwer
Auf den Geliebten fallen,
,,Ich muss hinaus ins weite Meer,
,,Drum, Liebchen, lebe wohl, sprach er,
,,Ich hœr' Trompeten schallen.
J. BIETH (*die Abschiedsstunde.*)

Il fait nuit.. une jeune fille enveloppée dans une capuche grise et tenant une petite lanterne en main, passe par un couloir ; doucement et sans le moindre bruit elle ouvre une vieille porte, la ferme de même et descend les marches en pierre d'un escalier tournant. Arrivée à la porte qui donne sur la rue, elle tire un lourd verrou, et après avoir appuyé sur un bouton qui fait mouvoir le seuil, elle s'esquive par l'ouverture qui se referme derrière elle. La nuit est assez sereine, le croissant de la lune s'échappe de temps en temps de dessous les nuages gris et montre ses pâles reflets. Tout en marchant, elle se dit tout bas: c'est étonnant, ces sculpteurs croient, et la plupart le certifient, que c'est une fée qui vient leur achever leur ouvrage, et aucun d'eux n'a tenté, ne fus-ce même que par curiosité, d'éclaircir ce mystère. Wilhelm, Adalbert, Othon, Xavier, m'ont saluée ce matin, avec le respect habituel, lorsque j'ai traversé l'atelier avec mon père. Ils ignorent tous que c'est moi qui suis cette fée miraculeuse ; et la jeune fille sourit malicieusement.

Mais Stéphan, continua-t-elle, est le seul qui ait soulevé vers moi un regard doux et amical, et dont la fixité du regard m'ait transpercée comme pour me dire qu'il m'avait devinée... Ce pauvre jeune homme, il parait être si bon, tout me le fait chérir, tout m'attire vers lui, son infortune, son incessant travail, sa conduite, et puis on dit qu'il est loin de sa mère qu'il aime bien, et que les heures qui lui restent, il les emploie à gagner quelques bons deniers (denarii) pour tâcher de revenir dans son pays l'escarcelle pleine. Je ne sais... mais j'ignore ce qui se passe en moi depuis que j'ai vu cet étranger. Toutes les fois que je le rencontre, un trouble involontaire me saisit; je ne veux pas soulever mes paupières et nos regards se rencontrent, et quand le soir, dans mes idées rêveuses, je vais sur les tréteaux, c'est vers son établi que je me dirige, et où je fais la plus longue séance. Oh oui! je voudrais tant le voir choyé par ses confrères, tant qu'il soit heureux et qu'il reçoive les hommages de son maître, et que l'évêque qui l'a recommandé à mon père soit fier de son protégé. Bonne sainte vierge... mais qu'osé-je penser... qu'osé-je rêver.

Tout en marchant, guidée par la lumière de sa lanterne, elle continuait son monologue... Non, se disait-elle, je ne suis plus la même Sabina, celle qu'on vénère comme une fille pieuse dans tout Strasbourg... Dieu, si l'on savait mes secrètes pensées. Que dirait mon

SABINA LA SCULPTRICE.

A T

Carlégr. E. Simon, Strasb

Elle était toute à son ouvrage.

père, mon frère Jean. Moi qui ne rêvais que poses pieuses, que regards angéliques, que figurines nymbées, que chapelets égrenés par des doigts de vierge. J'oublie tout maintenant pour caresser une pensée chère, et il m'arrive souvent, dans l'atelier de mon père, de laisser tomber de mes mains le maillet et le ciseau, et de ne rêver qu'à lui... qu'à lui, que je voudrais voir riche, honoré, seigneur enfin... et puis, je fixe mes regards vers le ciel comme pour chercher cette chose inconnue que je poursuis et que je ne puis atteindre.

Involontairement, instinctivement, légère et preste elle escalada l'échaffaudage. Arrivée au sommet, elle prit son petit maillet et son ciseau, et après avoir disposé favorablement sa faible lumière, elle se mit à l'ouvrage. Le ciseau sous ses doigts habiles courait sur la pierre et traçait des lignes et polissait des contours.

Elle travaillait depuis quelques moments et était tout à son ouvrage, lorsque soudain un bruit inattendu se fit entendre. Elle laissa tomber le maillet de ses doigts, et effrayée, souleva ses mains vers la hauteur de sa figure comme pour s'en faire un rempart contre le choc ou l'obstacle qui se dressait devant elle, et poussa un cri aigu.

— Qui est là, dit-elle subitement.

— C'est moi! Sabina, dit une voix douce et agréable. Moi Stéphan, qui ai osé témérairement venir admirer et contempler cette fée, et sans cette sotte pierre qui vient de se mouvoir sous mes pieds, je ne t'aurais pas dérangée. Depuis huit jours j'ai fait le guet, mais tu étais si belle à l'œuvre que je voulais être tout seul à te contempler, et je ne pouvais assez me rassasier de ta vue...

— Pardonne-moi, Sabina, d'avoir osé témérairement t'épier. Pardonne-moi au nom de cette affection sincère et vraie que je te porte, si je parle avec passion, et le jeune homme se jeta à ses pieds.

— Sabina, lui dit-il, en soulevant sa tête vers elle, comme un suppliant, ne m'en veuille pas... punis-moi, d'un geste tu peux me précipiter dans cet abîme. Fais-le, si mon langage te déplait... mais écoute-moi, Sabina, et condamne moi après.

— J'ai lu, ô vierge de candeur, j'ai lu dans ton regard toute la poésie que le ciel peut déverser sur un être humain; j'ai compris les douces émanations de ton cœur, les craintes incessantes qui s'agitent dans ton sein.

— Lorsque chaque matin je voyais mes volutes, mes corniches, mes pierres, fouillées avec grâce et purement achevées, ton nom me venait sur mes lèvres et mon cœur t'en remerciait. Ange adorée de mes nuits sans sommeil, ne m'en veuille pas si je me suis laissé enchanter par un regard si doux, par des cheveux bruns et soyeux, par une marche si gracieuse et par un sourire si affectueux; et Stéphan, en prononçant ces dernières paroles, regarda Sabina si tendrement, que la jeune fille ne put faire autrement que de tendre sa main et de le soulever.

— Stéphan, lui répondit-elle, troublée par des paroles aussi éloquentes, chante-t-on d'aussi belles paroles aux bords du Danube et les filles du Rhin égalent-elles celles de ton pays, pour donner un pareil élan à ton cœur?

— Oh, Sabina ! dans quelque pays que tu pu sses être, on ne saurait résister à tant de charmes; mais laisse-moi, avant tout, savourer ces quelques heures qui passent trop rapidement pour moi.

— La première fois que ton nom fut prononcé à mes oreilles il me fut le plus doux nom qui jamais sortit de bouche humaine, et le jeune homme ne parla plus que par monosyllabes.

— Oui je me rappelle ce jour, ou simple compagnon, vêtu sans grande élégance, je fus présenté à ton père par l'évêque. Je te vois encore, lorsque j'entrai... Tu étais sur un tréteau à sculpter la statue du christianisme; ton père était à genoux, le compas en main et cherchait à résoudre un problème, et ton frère Jean, dessinait sur le paroi du mur.* Mon cœur bondissait de crainte, lorsque mon pied pénétra dans l'atelier d'Erwin, le sanctuaire de l'architecture. Depuis ce temps je ne suis plus qu'à toi.

Sabina, émue et attendrie, lui posa sa main sur le front et lui dit : Stéphan, que ne suis-je libre !.. Tu m'as compris. Que cela

* Voir la gracieuse peinture du double tableau de Th. Schuler, qui a été exposé à Paris.

te suffise. Je te remercie de ton violent amour, de l'attachement que tu me portes... je t'en serai toujours reconnaissante; mais j'ai fait vœu de n'appartenir qu'à Dieu, de ne vivre que pour le bonheur de mon père, et de ne travailler, lui m'aidant, qu'à la propagation de la foi et qu'à la grandeur de la religion. Ainsi, cher Stéphan, en trahissant mon serment, mon Seigneur et mon Dieu, je craindrais de te trahir un jour et je t'aime trop pour le faire. Stéphan, si tu m'aimes véritablement, si tu n'aimes que moi... que moi toute seule, et non pas ce cortège de renommée qui entoure mon nom, non, puisque je suis la fille d'Ervin et que l'on me considère par là comme une des plus nobles filles de Strasbourg; mais je te le repète encore, si tu n'aimes Sabina, que puisqu'elle est bonne et compatissante, alors tu dois comprendre tout ce que je souffre de ne pouvoir me donner et n'appartenir qu'à toi... Ne m'interroge plus d'avantage, Stéphan, je veillerai toujours sur toi, absent ou présent, ma pensée sera pour toi. Toi toujours, toi partout, Stéphan, et la jeune fille versa quelques larmes que le statuaire étancha de sa main.

La douleur, le plaisir, l'épanchement, la violente passion, le choc des plus tendres sentiments, avaient émotionné la nature de cette organisation frèle et délicate.

Ils restèrent, tous deux, longtemps silencieux, n'osant se parler de crainte de hâter l'heure de la séparation.

Stéphan, craignant de voir faiblir Sabina, reprit son courage et releva doucement la tête de la jeune fille qui s'était penchée sur son épaule. Implore donc ton Dieu, implore ta patronne, puisque tu me sacrifies à ta religion, qui, certes, ne défend pas de s'entraimer... ceux-là pourront te venir en aide et te sécher tes larmes.

Comme étourdi par un vertige d'incrédulité il ajouta : Eh bien, puisque ce Dieu est si cruel envers moi et qu'il me ravit le feu qui jadis illuminait mon âme et mon corps, je doute.. qu'il m'accordera un instant de bonheur loin de toi. Mais, comme tu veux que nous nous quittions... je quitterai cette vieille cité d'Argentora, le berceau des arts et des sciences sur les bords du Rhin, cette Argentora que je préférai à ma ville natale, puisque ton souvenir la peuplait et l'animait. C'était toi seule qui pouvait me faire oublier ma bonne mère qui m'aime tant, toi seule qui pouvait me faire oublier ma patrie. Dès demain je ceindrai l'épée et laisserai là le ciseau. Puisque tous ces outils, puisque chaque statue m'imposerait le cruel souvenir de ta présence et de ton inspiration... Demain la guerre... Adieu pour longtemps, et après avoir étreint encore une fois Sabina dans ses bras, il disparut.

La jeune fille resta tout interdite et confuse ; mais, tournant ses yeux vers le ciel, elle sourit comme une ange et reprit son sangfroid et son courage. Elle descendit les tréteaux et murmura tout bas: « Mon Dieu, toi, pour qui je sacrifie la moitié de moi-même, aide-moi, secoure-moi; en toi seul je mets ma confiance... car toutes les jouissances d'ici bas me sont arrachées.. mais protége aussi Stéphan... Bonne sainte vierge, reçois mon âme et mon cœur...

II.

Es sei... ich muss im Blute ræchen,
Was keine Reue, keine That mehr sühnt,
Es blitzt der Stahl, für sein Verbrechen
Hat der Verræther diese Schmach verdient.
J. Bicth (*Vermischtes*).

En 1307, le pont des Exécutions (*Schindbruck*), plus tard le pont du Corbeau, ne reliait pas aussi élégamment les deux rives de l'Ill par une seule arche et ne présentait pas à la vue un panorama aussi varié et vaste tel qu'il l'offre aujourd'hui, grâce à l'activité intelligente des édiles. C'était une lourde construction aux abords de laquelle se tenait accolées de vieilles masures et des hangards.

Dix heures sonnaient aux clochers de St-Nicolas, de St-Thomas et autres clochetons des couvents environnants. Chaque heure, en s'échappant de l'auvent, semblait répondre à la cloche voisine et troublait seule la monotonie et le silence de la nuit.

Trois hommes, enveloppés dans des manteaux bruns, se dirigaient du côté du pont et débouchaient d'une rue avoisinante de la rue de l'Hôpital (*Spidelgässel*). Le plus grand était un vieux racoleur de *Reiters* qui recrutait les hommes aux princes et aux barons et qui chaque année, après une campagne finie, s'il avait la vie sauve, revenait dans sa ville natale dépenser en ribaudes, en largesses, l'argent que la guerre lui avait fourni. On l'appelait le racoleur Raufbold, autrement dit Fracasse, sobriquet qu'il avait reçu à cause de ses fréquentes querelles et de sa forfanterie. Le second qui l'accompagnait était un gentilhomme, son ami; le troisième, à la démarche plus gracieuse, suivait le pas des deux autres et ne répondait que par des monosyllabes à la conversation de ses deux compagnons.

— Ah ça! Stéphan, dit le racoleur Fracasse, nous allons boire à ta santé chez le compère Jonas, à l'auberge nouvellement établie du Corbeau (*zum Raben*); le vin en est bon, l'eau-de-vie de même et la femme est gentille. L'on y rencontre barons, gentilshommes, archers et riches marchands, qui forment bonne compagnie. Pourvu qu'on ait dans sa sacoche quelques pfennings d'argent, la belle Dorothée vous fait un bon accueil. Ainsi ne pense plus au passé. Fais manœuvrer l'éponge sur le cadre de ton souvenir, comme dirait le marchand de viande de la Corne-d'Or. Une vie nouvelle un peu agitée commence pour toi... mais c'est le monde (*die Welt*)!

Par l'Homme-de-Pierre* ne fais pas le damoiseau; il faut rire avec les soudards et suivre ma maxime: à un bienfait je réponds par deux bienfaits, et à un coup d'épée je le triple, et ainsi de suite.

— Tonnerre et pluie! je te réponds qu'on m'aime et qu'on me respecte partout, et le capitaine Fracasse fit passer entre ses doigts rugueux sa grosse moustache, comme pour ponctuer sa sortie oratoire.

— Très-bien parlé, Fracasse, dit le gentilhomme, qui jusqu'alors avait tenu le silence. Stéphan fait bien de quitter l'architecture, et mon intervention auprès du chef de la Francmaçonnerie n'a pas été vaine. Tu t'es bien montré mon garçon de laisser la moitié de tes économies à la caisse du compagnonage et d'avoir prié la Francmaçonnerie, d'envoyer l'autre moitié à ta mère (à cette époque les fréquentes relations, les échanges de travaux d'ateliers à ateliers, de ville à ville, de pays à pays, tenaient lieu de poste). Maître Ervin a été un peu contrarié de perdre un de ses bons ouvriers; mais mon crédit l'a fait emporter et comme je lui ai dit que tu devais me suivre, il a cédé. Epée du diable, comme le baudrier et le haubert vont bien à la taille. Voyez comme il porte déjà sa dague!

Tout en devisant de la sorte, ils franchirent

* En consécration de la bataille de Hausbergen, on érigea trois statues en pierre au quai St.-Nicolas, dans la rue des Bouchers et dans la rue de l'Homme de-Pierre.

le pont des Exécutions et entrèrent à l'auberge du Corbeau.

La salle était grande et vaste. Au milieu une grosse poutre servant de colonne, soutenait la poutre transversale de la chambre. A un crochet en fer était appendue une grosse lanterne dont la lumière blafarde et terne reflétait ses rayons sur les différentes groupes de buveurs. A droite et à gauche se trouvaient des tables occupées par des *Reiters* qui tapageaient et chantaient. A chaque paroi du mur étaient pendues les épées, les manteaux, les chaperons et les casques. Au fond se dessinait le comptoir, établi formé de quelques planches sur lesquelles brillaient et resplendissaient les plats et les coupes en étain, les vases, les cruches en grés de différentes couleurs et de diverses dimensions.

La belle Dorothée avec maître Jonas faisaient le service de l'auberge. Ils étaient en train de servir leurs hôtes. Tantôt c'était Dorothée qui disparaissait par l'ouverture d'une trappe pratiquée dans le plancher du comptoir et cherchait des brocs de vin dans la cave; tantôt c'était Jonas qui alternait et versait son eau-de-vie aux convives, à la bonne mine.

A l'entrée de nos trois hommes, la salle était presque comble. Des archers et des gentilshommes se pressaient, buvaient et chantaient. Le cornet et les dés qui roulaient sur la table donnaient le diapason.

Le gentilhomme Meyerhoff chercha dans

ce tumulte les siens. Il présenta Stéphan, qui reçut de toutes parts mille marques d'amitié. Accepte ma coupe, dit l'un des buveurs, soyons amis (*schmoliren*), ajouta-t-il, et vide-la pour prouver que tu es des nôtres dès aujourd'hui. Stéphan but et s'installa.

Stéphan paya sa bienvenue. La belle Dorothée, trouvant que le nouvel hôte méritait bien qu'on lui dît quelques mots agréables, s'approcha de lui et lui sourit d'un air mutin et narquois. J'espère, lui dit-elle, beau gentilhomme, que vous n'oublierez pas notre maison ; je me recommande à vous par la bonne qualité de ma boisson. Stéphan ne répondit pas, tant la métamorphose avait été grande et tant ce spectacle nouveau l'avait étourdi.

On entama après une partie de dés. Les émouvants coups de hasard eurent bientôt vidés plusieurs escarcelles. C'était Stéphan qui était le plus heureux. Il avait devant lui une pelletée de pfennings d'argent et de deniers. Un perdant avait jeté comme dernière fortune son collier. Voyons, dit-il, si le gagnant aura toujours la même chance, et ayant pris le cornet, il le fit retentir et les jetons roulèrent sur la table. Les voisins firent cercle, et têtes de ci et têtes de là se penchèrent pour assister au résultat de cette partie.

Au milieu d'un religieux silence les jetons roulèrent et marquèrent sept.

Vint le tour de Stéphan, et ils marquèrent douze.

— Gagné! cria-t-on de toutes parts.

L'AUBERGE DU CORBEAU A STRASBOURG EN 1307.

A. T.

Cartégr. E. Simon, Strasb.

— Perdu, répondit son adversaire, puis avec un air dédaigneux il ajouta : Heureux au jeu trompé, baliverné en amour.

— Fräulein Marguerite, la bonnetière, aura épousseté le pelage de ce lionceau avec son bâton empenné, dit un individu du groupe pour faire écho à l'autre.

— Le pelage est superbe, mais le poil est moucheté, dit un troisième.

— Est-il vrai, dit son voisin, qu'il a été éconduit par la belle fripière ou la marchande de haute-chausses du coin de la rue des *Prédigergass* (rue des Orfèvres).

— Non, je gage, reprit un autre, que c'est la blonde fillette du riche orfèvre Ottilius du porche des Arcades, qui fait l'objet de ses rêves — et sacrebleu, elle mérite bien des hommages.

— A bas, ajouta un clerc éhonté, ce gaillard a déserté le compagnonage comme moi j'ai déserté le couvent, mais avec cette différence, que c'est dans le but de m'amuser et lui au contraire dans le but d'oublier. Il aime Sabina, *venustate magna*... Et c'est à cause d'icelle, n'est-il pas vrai, Stéphan, que tu as échangé le ciseau contre l'épée.

A tous ces propos de gens à moitiés ivres, Stéphan restait silencieux et comptait son gain ; mais à la dernière incartade, ne pouvant supporter une offense aussi directe, il prit le cornet de bois qu'il avait dans la main et se levant, il en fracassa le crâne de l'impertinent rieur.

De là, prise d'armes et provocation. Témoins et adversaires descendirent vers la rue des Bouchers (*Metzgergiesen*) et s'arrêtèrent près du carrefour de la rue des Farines (*Mehlgæssel*), derrière le magasin Notre-Dame. La place était propre et sûre; d'un côté l'on pouvait se rendre dans la rue d'Or (*Goldgiesen*), de l'autre fuir dans la direction de la porte St-Marc (*porte de l'Hôpital*).

Après avoir dégainé, le gentilhomme, le racoleur et Stéphan cherchèrent leurs adversaires. Les épées vibraient et le bruit des tierces et des quartes accompagné de jurons formait le seul intermède. Le racoleur tomba. Stéphan, blessé à l'épaule, se fendit sur son adversaire et le transperça d'outre en outre. Le gentilhomme et son adversaire restaient sains et saufs. Il n'y eut que deux morts sur le carreau, que l'on convint de jeter, sans plus de façon, dans l'Ill. Quant à Stéphan, qui n'était que blessé, le gentilhomme le fit transporter chez lui, tout en évitant le guet qui n'épargnait pas les spadassins nocturnes. En traversant le pont des Exécutions, Stéphan entendit tomber dans l'Ill le corps du racoleur et celui de son adversaire, que lui, Stéphan, venait de transpercer. A la vue de cette lugubre scène qu'un rayon de lune éclairait sous un lambeau de nuage, le jeune homme s'évanouit en murmurant tout bas: Sabina protège-moi. Sabina! Sabina!

— Ce n'est rien, dit le gentilhomme, hâtez-vous, la blessure n'est pas dangereuse ; j'espère que dans quelques jours, après le baptême de l'épée, mon lieutenant pourra entrer en campagne, et le cortège disparut en s'enfonçant dans les ruelles étroites de la ville.

III.

Sabina, liebe Tochter,
Führ' mich an's Fenster hin.
Dort seh' im Abendglanze
Mein Münster ich erblühn.
(*Erwins Tod.*) GUSTAVE MÜHL.

On était au mois de février 1315, la neige tombait, et une bise matinale sifflait à travers les pins, couverts de givre, de la Forêt-Noire (*Schwartzwald*). Les pâles lueurs du jour commençaient à poindre et à éclairer les maisons de la ville de Steinbach*. Près d'un groupe de maisons avoisinant une place se dessinait un attelage avec deux bœufs et la silhouette d'une femme; cette femme, c'était Sabina; la sculptrice était bien changée. Elle pouvait avoir alors trente ans; sa taille s'était un peu massée, ses traits toujours purs et délicats s'étaient mieux accentués et ses yeux avaient pris plus de calme et de repos. Bien des soucis, bien des entraves, bien des combats, fruits d'une imagination trop vive, avaient passé sur ce front brûlant qu'un rayon céleste venait illuminer et y refleter l'espérance et une grave beauté.

* Friederich, de Strasbourg, a élevé une statue d'Erwin sur le versant de la colline de Steinbach.

Debout, près du chariot, elle caressait de sa main les deux bœufs qui, relevant leurs cornes, l'enveloppaient de la vapeur de leurs naseaux. La sculptrice attendait là l'arrivée du moine Anastasius. Quelques gars et les autres domestiques qu'occupait le transport d'effets de la maison à l'attelage, allaient et venaient. Enfin le moine arriva et l'on se mit en route.

— Bonne Sabina, dit-il, en s'asseyant sur la traverse du chariot. Ne craignez rien, votre père n'est pas aussi malade que l'on veut bien le dire... ces médecins font toujours trembler ceux qui l'entourent. Sabina lui répondit par de douces et craintives paroles. Puis le moine ajouta: Cette vie solitaire vous plait. Vous aimez les forêts, la nature et tout ce que Dieu a créé de beau et de grand. Oui, reprit la jeune fille, mon âme, pour se calmer, a besoin de fortes et grandioses sensations, et c'est dans le calme de cette nature que je retrouve de nouvelles forces pour supporter l'existence et que je pense aux moyens de secourir ceux qui souffrent et qui pleurent!... Jeune fille, poursuivit-il encore, vous parlez comme St-Augustin, notre révérend père, et avec une âme comme la votre, ceux qui vous entourent, doivent s'estimer heureux, car vous reflètez sur eux votre sagesse divine.

La conversation raccourcit le chemin et la nuit tombait lorsque l'attelage arriva sur les bords du Rhin. Après la traversée du fleuve sur un bac, Sabina et ses compagnons gagnèrent rapidement les portes de la ville de Strasbourg et chacun se dirigea vers son domicile. Sabina put encore embrasser son père, mais ses craintes n'étaient pas vaines, le vieillard était bien souffrant.

Quelques jours après, son mal empirant, il se fit conduire vers la fenêtre de sa terrasse* et là, entouré de ses enfants, il put contempler une dernière fois cette splendide cathédrale, chef-d'œuvre enfanté par son génie. Puis se tournant vers sa fille adorée, il lui dit: Sabina, chère enfant, embrasse-moi, suis les dernières pulsations de mon cœur et écoute les paroles de gloire et d'ambition qui vont découler de ces lèvres que le froid de la mort va bientôt glacer. Sabina, lui dit-il, vois comme ce Dôme s'élève avec grâce, comme ces colonnes sont légères; ne dirait-on pas que j'ai fait sortir des gerbes d'épis de la pierre, des palmes aussi chatoyantes que celles que l'hiver trace sur les parois des murs.

Vois comme le soleil couchant caresse les arêtes, comme il illumine ces contours. Il semble aimer à se jouer dans ces arcades et dans ces créneaux fouillés par ma main. Oui, c'est ainsi que je l'ai rêvé pendant mes longues nuits d'insomnie. Ces voûtes retentiront majestueusement de psaumes, de cantiques et

* Voir le dessin de Klein, peintre d'histoire, qu'une mort prématurée a enlevé, et sur la tombe duquel l'on ne peut jeter assez de couronnes de regrets. Il reçut les soins les plus bienveillants de la congrégation des D

de prières, leurs échos sonores iront, sortant par les auvents de mon édifice, rendre hommage à Dieu. J'ai voulu, Sabina, qu'en pénétrant sur mon Dôme, l'on ressentit toute la foi que l'Eternel m'a inspirée.

Vois comme ma rosace resplendit, les couleurs les plus variées s'y marient. Vois ces dispositions féeriques, ces effets de lumière, ces trèfles, ces spirales qui naissent et grandissent en se développant successivement. Vois ces douze apôtres, qui portent tous l'auréole de l'immortalité, comme ils me bénissent d'avoir rendu vivante la lettre de l'Evangile. Vois comme ma rosace me regarde étincelante, comme l'œil de la fiancée bien-aimée. Des saluts mystérieux jaillissent de cet œil d'amour comme si le souffle de ma vie devait maintenant s'y consumer. Et vous mes deux tours, il me semble vous voir monter déjà dans les cieux... Puis, se tournant vers son fils, il reprit :

— Et toi, Jean, j'espère que tu continueras mon œuvre avec le même zèle et la même sollicitude ; que l'héritage que je vais te léguer, redoublera et témoignera ton ardeur une fois de plus que l'Eternel nous protège et qu'il nous a choisis pour être ses fidèles interprètes sur la terre. O mon bon fils, veille sur notre corporation. Jusqu'à ce jour le mystère le plus religieux s'est répandu sur nos travaux; conserve cette tradition. Adieu mes enfants. Dieu m'appelle vers lui, je vous quitte et si j'ai construit ce Dôme c'est pour qu'il me serve de marche-pied pour arriver plus vite au ciel.... Il s'exprima ainsi et tomba inanimé entre les bras de ses deux enfants éplorés.

IV.

Es drangen Sterbgesænge an mein Ohr,
Die Menge schloss dem Trauerzug sich an,
Beim Kerzenschein, im schwarzumhængten Chor,
Umschloss ein Sarg den treu'sten Biedermann;
Und langsam wogt zum Friedhof das Geleite,
Bis længst verhallt das dumpfe Glockgelæute.

J. Bieth (*Vermischtes*).

Quelques jours après, l'évêque Jean, qui dans ce temps gouvernait pour ainsi dire la ville, convoqua les divers ordres de la cité pour assister aux funérailles de l'architecte Erwin, et rendre un dernier hommage à celui qui, par son ciseau, avait si bien su symboliser la foi et rendre avec tant d'énergie et de hardiesse l'expression réelle du sentiment religieux.

Près de l'autel de la chapelle de la Vierge, qu'Erwin lui-même avait élevé sur le déclin de sa vie, la bière de l'architecte avait été déposée par les délégués de la confrérie des maçons. Le grand portail était ouvert et recevait successivement sous la nef de l'église. — Le Städtmeister, les sénateurs et les échevins en grand costume de cérémonie, recouverts de leurs manteaux et ceints de leurs épées. — Les capitaines des soldats de la ville (*Hauptmänner der Stadt-Söldner*), portant casques et cottes de maille; les lansquenets avec leurs piques et autres massues d'armes. — Après les hommes de paix et de lois, chefs de la cité, et les hommes de guerre, défenseurs de la ville, vinrent les ordres religieux. — Le Chapitre et le Prieuré de St-Thomas (*jadis les Frères écossais*) vêtus de longues robes et de leurs autres insignes. — Les Desservants de St-Nicolas, de St-Pierre-le-Vieux et autres chapelles. — Les clercs de tout âge, vêtus de robes noires et coiffés de larges chapeaux avec la Bible sous le bras et l'écritoire au côté. Les Cordeliers (*Baarfüsser*) de l'ordre de St-François avec leurs religieux, nus-pieds, bannières en tête, cierges allumés, et chantant les litanies et les psaumes. Ils venaient de la place des Cordeliers (*Place Kléber*) en traversant la rue des Arcades (*Gewerbslaubgasse*) et celle des Eperonniers (*rue des Hallebardes*) — Les Dominicains, moines prêcheurs, la tête à moitié rasée, en robes de bure et capuches blanches, sortaient de leur couvent (*aujourd'hui le Temple-Neuf*) par la rue des Prédigergass (*rue des Orfèvres*), et celle des Eperonniers. — Les Religieux de St-Marc. Le couvent de ces derniers était situé hors la ville, comme les Cordeliers et les Dominicains, ils étaient sortis de leur monastère avec leurs bannières, et étaient entrés par la porte St-Marc (*porte de l'Hôpital*) en suivant le Goldgiesen (*rue d'Or*), le quai et le pont des Exécutions, la rue du Vieux-Marché-aux-Poissons (*Fischmärkgasse*), la rue Mercière (*Krämergasse*), dont les niches et les balcons étaient encombrés de spectateurs. Les moines-mendiants affublés de robes brunes ou noires déguenillées, et bâtons de voyage en main. Au milieu d'eux l'on remarquait Anastasius priant à haute voix. En lui et en ces derniers se résumaient toute la sympathie de la foule, car en eux se révélait surtout l'essence de l'Evangile. — La congrégation des bourgeoises de la ville (appelées Béguines), avec leurs supérieures. Leurs vêtements étaient simples et moins en style de règle. Elles venaient du Fossé-des-Tanneurs (*Gerbergraben*), en passant par la Grand'rue (*Langstrasse*). — Les femmes nobles du couvent de St-Etienne, au costume luxueux et à la démarche hautaine, où venaient se grouper toutes les notabilités de la ville. Elles avaient pris la rue des Frères (*Bruderhoff-gasse*). Les religieuses du couvent de Ste-Elisabeth de l'ordre des Dominicains. Ces religieuses, dont le nombre était très-grand, en robes, pellerines et capuches blanches, vinrent aussi rendre un dernier hommage à la mémoire du défunt. Elles avaient recouvert d'un crêpe les chainons des encensoirs, et leurs cierges écussonnés de croix étaient enrubanés d'étoffes de deuil. Elles chantaient des hymnes saintes. En entrant par la porte Ste-Elisabeth (qui n'existe plus) et suivant la rue du même nom, le pont St-Thomas, la rue des Serruriers (*Schlossergasse*). Les religieuses du couvent de Ste-Agnès, comme celles des autres couvents, sortirent également de leur monastère en grande cérémonie. Elles venaient de dehors la ville, en pénétrant par la porte des Bouchers (*Metzgerthor*) et suivant la rue des Bestiaux (*Viehgass*), aujourd'hui rue d'Austerlitz, le pont des Exécutions et la rue du Vieux-Marché-aux-Poissons.

La population entière était en mouvement et formait la haie de chaque côté de la rue dont elle encombrait les issues. Les matrones s'étaient fait transporter dans leurs litières ornées de draperie. Les châtelaines s'étaient fait guider sur leurs haquenées par les pages. Les jeunes seigneurs, couverts de leurs manteaux avec toques sur le chef et l'épée au côté, étalaient parmi les autres leur élégance aux assistants. Ils se racontaient entre eux les phases de la vie de l'architecte et leurs relations avec lui.

— Eh bien, dit l'un d'eux, crois-tu à l'épisode de Sabina. Il y a dix ans, raconte-t-on, qu'un duel meurtrier a eu lieu à cause de la sculptrice.

— Quoi, un duel, répondit un autre, moi qui aime tout ce qui sort du banal, glose-nous cela et au plus vite.

— Tiens, comme le baron Baderheim est curieux, il aime le beau, le grand, et quand il s'agit d'une belle action, d'un coup d'épée et même d'une aventure un peu mystérieuse, il prête l'oreille et porte sa main sur la poignée de sa dague.

— Eh bien, puisque tu veux le savoir, écoute, toi, et vous autres écoutez aussi.

Malgré les allants et venants, le groupe se ressera et l'interlocuteur continua:

— Sabina aimait un statuaire, son père le savait-il, je l'ignore. Il advint qu'un beau jour l'amoureux quitta le campagnonage et rentra dans le régiment du baron Meyerhoff. Le même soir il y eut un duel au sortir de l'auberge du Corbeau, et Stéphan qui est le nom du héros, transperça Joseph, l'ex-clerc, un railleur d'icelle. L'ami de Stéphan, Raufbold, qui lui avait servi de témoin, fut occis, ce fameux racoleur, qui après en avait tant étendu sur le sol, a fini par où il avait pèché! Le lendemain l'on trouva les deux corps dans l'Ill. Le baron Meyerhoff quitta la ville quelques jours après avec son lieutenant. Sabina se retira à Steinbach; et voilà ce que je sais, êtes-vous content?

Comme le cortège défilait, cette jeunesse dorée, éperonnée et galonnée, cherchait à distinguer des visages connus sous le voile et dans la démarche des religieuses. Tiens, reprit l'un, c'est la belle, riche et noble Marthe, qui a pris le voile, regardez donc Rodolphe, et tout le groupe regarda et tempesta contre les ordres de ce qu'ils leur enlevaient une beauté de plus. Mes amis, dit Baderheim, entrons à l'église et assistons à l'office; et les jeunes gens entrèrent et se placèrent près d'un pilier.

La cérémonie fût longue, et après que la messe des morts fût dite, les délégués des maçons portèrent la bière derrière la chapelle St-Jean, où le caveau de Husa avait été rouvert pour recevoir les dépouilles mortelles de son époux et l'on plaça la pierre tumulaire avec cette inscription :

Anno domini MCCCXVIII, XVI Kal Februarii obiit, Magister Erwin Gubernator fabricæ Ecclesiæ Argentisensis.

Et bientôt après, bruits et chants cessèrent, et la foule s'écoula petit à petit, puis le Dôme reprit sa demi-obscurité et son silence religieux.

V.

. . . .
Und im Herzen fühl' ich süsse Wonne,
Wenn von ferne es mein Aug' ersieht,
Schœn umstrahlt vom Glanz der Abendsonne,
Reget es so freudig mein Gemüth.
J. Birth. (*Das Madonnenbild.*)

A la même heure qu'on enterrait Erwin, deux cavaliers étaient sur la route de Strasbourg, ils ardaient leurs montures, et étant arrivés sur le plateau de Hausbergen qui domine la ville, l'un d'eux s'arrêta, descendit de cheval et confia sa monture à celui qui devait être son écuyer, car, au mouvement de son maître, il avait serré la bride. Le cavalier se croisant les deux bras sur sa poitrine, resta longtemps plongé dans une profonde méditation. Il était grand et fort; toute la vigueur de l'homme se découplait dans sa stature. Il pouvait avoir trente-quatre ans; une moustache noire luisait sous son nez aquilin, et ses yeux vifs et ombragés de longs cils perçaient l'étendue. Sa tête ressortait avec beauté de son casque. L'ample manteau qu'il avait jeté sur ses épaules, décelait par sa richesse son grade dans l'armée.

Après être resté quelques moments en extase, il porta la main à ses yeux et cacha sa trop vive émotion à son compagnon. Ce cavalier était Stéphan. Il était là à se retracer sa jeunesse. Il revoyait tous ces lieux qui lui avaient été jadis chers. Oh mon Dieu, se dit-il en lui-même, que mon âme est sensible aujourd'hui... Je me crois encore être hier... Je me crois encore être artiste-sculpteur, le tablier sur la poitrine et le maillet à la main. Et Sabina que j'aimais tant et dont le souvenir n'a pu sortir de mon cœur! que je serais donc heureux de la revoir une fois encore... puis je retournerais auprès de ma mère, emportant avec moi cette image qui m'a suivie et protégée. O Sabina! Sabina! et Stéphan versa des pleurs. Il était redevenu jeune homme, il se croyait encore à l'atelier, à rêver à cette ange que l'implacable réalité lui avait fait quitter... J'étais pauvre alors, ajouta-t-il, mais plus heureux, puisque j'avais des illusions... mais depuis une par une elles sont tombées dans le moite Océan des choses de ce monde. Que m'importe mon grade, que m'importe mon épée et ces marques distinctives. Je voudrais encore être pauvre comme jadis et avoir le cœur tranquille et content. Un nuage de souvenir vint effleurer son front et complétement l'étourdir. Perles du cœur, qui me les rendra, continua-il, et cependant il fallait rompre avec elle et partir... mais quelle nuit affreuse! que ce Meyerhoff était brave. Que ce racoleur m'a bien défendu au péril de sa vie. Meyerhoff est mort à mes côtés dans les guerres du Palatinat. Le racoleur est mort pour ma cause... et l'ex-clerc Joseph que j'ai transpercé...Oh! souvenirs palpitants... Malgré la froide bise le cavalier restait toujours là, il fixait un point dans l'étendue. Tout-à-coup il entendit le tintement du glas; ces trois coups multipliés semblaient râler sur toutes les églises les clochetons des couvents et appeler les fidèles à la prière, en annoncant à la terre qu'une âme était montée au ciel. Cette sonnerie l'émut, il appela son écuyer et enfourcha son cheval.

—Que peut-il se passer à Strasbourg, dit-il à haute voix, quelqu'un de grand est mort sans doute?

— Capitaine, j'ai tout lieu de le croire.

Et les deux cavaliers, après ce court monologue, piquèrent des deux. Ils arrivèrent bientôt en ville et apprirent la grande nouvelle du jour. Stéphan perça la foule et pût encore assister aux obsèques.

Quelques jours après il alla trouver l'évêque Jean, son protecteur ; ce dernier lui fit certains reproches sur son duel et son aventure. Stéphan cependant fût absout ; il portait avec lui le succès (qui est toujours le plus puissant levier). L'évêque, après lui avoir fait certaines remontrances, le félicita de son grade et de ses marques distinctives. Il voyait avec plaisir son protégé, auquel il portait beaucoup d'amitié, arrivé à une si belle position ; il lui promit que, pour lui procurer toute sa joie, il allait lever les vœux de Sabina et le rendre complétement heureux en sanctionnant le proverbe : *Lieben und geliebt zu werden, ist das grószte Glück auf Erden.* A cette douce comunication, Stéphan tomba aux pieds du vieillard et lui baisa sa robe.

— Du moins, lui dit-il, je pourrais vivre avec elle, la présenter à ma mère. Mon bon protecteur, ajouta-t-il, votre souvenir fera le bonheur de notre maison, et Sabina bercera ses enfants en redisant votre nom.

Quant au moine Anastasius, ayant appris que l'évêque Jean avait levé les vœux de Sabina, en souvenir de Stéphan son protégé, il sourit et pensa aux fragilités des choses humaines.

— Au fait, dit-il, Sabina est une âme généreuse. D'âme errante qu'elle était, elle est devenue une âme aimante, depuis qu'elle a trouvé une autre âme, sa sœur, sur laquelle elle pourra s'appuyer pour trouver le sentier de la vie moins épineux. Puis, regardant sa robe de bure toute rapiécetée, et en soulevant légèrement un pan pour gravir les marches de l'église, il ajouta dédaigneusement: Vanité des hommes, instabilité des choses, faiblesses et priviléges, c'est nous autres moines-mendiants, pauvres comme le Christ qui, offrons à l'Eternel un véritable holocauste de notre vie, nous portons sa parole en tous lieux, notre pied heurte à chaque demeure, nous avons en partage le mépris des mauvais riches, la souffrance; mais aussi nous soulageons les pauvres; et le moine s'agenouilla sur la dalle vis-à-vis l'autel de la Vierge, et regardant l'image qui l'inspirait et ayant penché la tête, il pria longuement.

Des vitraux gothiques de la nef se détacha alors un rayon lumineux, dernière lumière de soleil, doré et rougeâtre, ce rayon illumina le visage du mendiant comme pour lui prouver que l'Eternel l'avait compris et qu'il avait jeté un regard du haut de son ciel sur un de ses suppliants.

VI.

Das süsse Wort: ich liebe Dich!
Sprach aus dem holden Augenpaare.
So führ' ich Sie zum Traualtare,
O wer war glücklicher als Ich!
Ein Blüthenfeld beneidenswerther Iahre
Sah lachend mich aus diesem Spiegel an.
Mein Himmel war mir aufgethan.

SCHILLER.

Devant une vieille maison vis-à-vis le Dôme, maison à tourelles, à fenêtres à grilles, et dont le seuil s'élevait en formant une espèce de portique, stationnait une foule de spectateurs et de conviés.

Des hommes d'armes avec leurs cottes de mailles et leurs épées à poignée brillante, des bourgeois en petits manteaux noirs, des seigneurs à la mise élégante, des artistes-peintres et sculpteurs et des ouvriers, tenaient entre eux une conversation très-animée et très-joyeuse. Différents tonneaux étaient de droite et de gauche, et des échansons faisaient couler de leurs cruches le bon vin du Rhin dans les coupes de bois, d'étain, de plomb, et d'argent, qu'on faisait circuler à la ronde. Au milieu du groupe principal, Jean, le frère de Sabina, se faisait remarquer par sa courtoisie et le doux accueil qu'il faisait à ceux qui venaient audevant de lui. Il était aujourd'hui bienheureux et fier, car il voyait d'un côté Sabina, sa sœur chérie, chasser le voile de tristesse dont elle s'était couvert le front depuis près de dix ans, de l'autre, puisqu'il recevait de toutes parts des félicitations sur la manière active et intelligente avec laquelle il continuait si noblement l'héritage de son père... Les ouvriers les plus habiles, qui l'avaient le mieux secondé dans cette rude et pénible entreprise, étaient auprès de lui, et tâchaient par leur complaisance et leur prévenance de lui rendre plus aisé la réception et le concours continuel des étrangers.

Ce jour-là, il faisait un temps magnifique;

le soleil de mai chauffait de son doux rayon le parvi du Dôme, il semblait raviver la nature de sa chaleur bienfaisante. Pourquoi ce bruit? pourquoi ce monde? pourquoi ces richesses déployées de tous côtés, ces pages portant des objets d'arts, des épées, des cottes de mailles? Sabina, la sculptrice, épousait Stéphan, le capitaine de cavalerie. De toutes parts ils recevaient des cadeaux de noces. Ses anciens camarades d'atelier avaient sculpté deux cassettes avec chiffres entrelacés représentant des sujets de l'Evangile*. Les officiers de la ville avaient offert une épée et une cotte de mailles fabriquées chez l'armurier Walther, fort en renom. Enfin les amies de Sabina, les congrégations des saints lieux, avaient chacune fait leurs cadeaux.

Stéphan arriva en magnifique costume, il descendit de cheval et alla embrasser Jean. Il fut aussitôt salué par de nombreux cris de joie. Ensuite, franchissant le seuil de la demeure, il se rendit, accompagné de son beau-frère, chez Sabina. Cette dernière était prête et n'attendait plus que l'arrivée de son fiancé bien-aimé, pour se rendre à l'église. La sécurité du cœur, un avenir plus assuré, l'espérance d'un bonheur ineffable, lui avaient rendu sa grande beauté d'autrefois. Ses beaux cheveux châtains étaient artiste-

* Voir les cassettes de M. Pflug, sculpteur distingué en bois, rue des Bouchers, 16, qui réussit admirablement dans ce genre d'ornementation et dans d'autres.

ment nattées et entouraient ses tempes de grappes de tresses, telles qu'elles ressortent de la pierre d'une statue antique. Ses yeux avaient repris leur éclat et leur brillant, sa bouche, son sourire gracieux et avenant. Enfin ce costume de fête faisait ressortir toute l'élégance de ses manières, toute la flexibilité de sa taille et la gracieuseté de sa tournure. Aussi, Stéphan, en la voyant si belle, si attrayante, fût-il comme ébloui et ne put-il contenir sa joie et son bonheur. Il se jeta à ses pieds et lui baisa tendrement la main.

— Viens, lui dit-il, Sabina, vierge d'abnégation et de candeur, permets à ton fiancé bien-aimé de venir te prendre pour nous rendre à l'autel pour sanctifier devant l'Eternel ce doux lien qui doit nous unir. Aujourd'hui le ciel s'ouvre pour moi... Aussi ouvrirai-je mon âme tout à Dieu, pour le remercier de tout le bonheur qu'il m'accorde et de la félicité qu'il m'envoie.

Sabina regarda tendrement Stéphan et lui tendit sa main avec toute l'attraction du cœur. Je te suivrai Stéphan et je partagerai avec toi tout le bonheur qu'on peut goûter ici-bas, dit elle fortement émue.

Aussitôt les ordres furent donnés et le cortège se mit en marche. On n'avait que deux pas à faire pour arriver à la chapelle de la cathédrale. La cérémonie fut longue, on chanta et la messe fût dite avec toute la pompe voulue en pareille circonstance.

On sortit de l'église, Stéphan et Sabina assistèrent à un grand banquet où se trouvaient réunis tous les principaux personnages de la cité. Comme le temps était magnifique, Jean fit dresser des tables tout le long de la place, pour les ouvriers. Sabina, de son côté, avait ordonnée de faire distribuer des aumônes aux pauvres. La foule était grande et l'on eut dit qu'un roi et qu'une reine sortaient de dessous la nef. Ce n'était rien de plus juste. Sabina était une nature d'ange, la fleur de la vie la plus développée, le parfum de l'imagination était réuni dans ses œuvres. Elle n'était plus simplement sculptrice, elle était en même temps philosophe et poéte. La sagesse se joignait à la puissance de l'esprit, et elle représentait les choses dans l'ordre de leur éternelle nécessité. En elle l'art avait atteint son terme et comme le plus pur équilibre du divin et de l'humain ne peut se rencontrer qu'en un point, c'était Sabina qui avait atteint ce but, la quintescence de l'art.

Un mois après ces noces brillantes, un cavalier, une amazone et une suite nombreuse, prenaient la route d'outre-Rhin. On était au déclin du jour. Le soleil, en se couchant, enveloppait l'horizon d'une teinte orange et rougeâtre. La cathédrale se dessinait et montrait sa plate-forme avec toutes ses machines et ses échaffaudages.

La femme qui était montée sur une haquenée, se retourna et plongea une dernière fois son regard sur Strasbourg et sembla rêver.

— Sabina, que fais-tu ma bien aimée ?

— Ces rayons, qui semblent embraser le Dôme, me rappellent mon père chéri.

Stéphan s'approcha d'elle et l'embrassa tendrement.

— Sabina, éperonne ta monture, j'ai encore une mère qui nous attend et qui t'aimera bien aussi.

Et bientôt après l'on ne vit plus sur la route qu'un nuage de poussière...

Sabina la sculptrice venait d'accompagner Stéphan sur les bords du Danube.

Il faisait déjà bien nuit quand les cavaliers qui avaient reconduit Stéphan retournèrent en ville. A bride abattue ils gagnaient la cité ; arrivés près des portes, ils ralentirent le pas de leurs chevaux et reprirent la conversation qu'ils avaient interrompue le long du chemin par la rapidité de la course.

— Corbleu, dit un blondin, c'était une bonne journée, la conduite a été agréable et surtout gaie, Stéphan nous a quitté en nous manifestant ses regrets et en nous laissant son bon souvenir.

— Sabina, disait un autre, me plaisait bien dans son costume de voyage, et je l'ai trouvée encore une fois plus belle que d'ordinaire. Vrai, si le capitaine eût été un mécréant et non ce brave et courageux Stéphan, je lui aurais cherché noise, rien que pour la satisfaction de l'enferrer.

— Drôle d'original, Théodore, interpella un officier dont le cheval vif et fringant caracolait sur le sol. *Il est jaloux* du bonheur d'autrui ; mauvaise tête ! N'es-tu pas assez fier de tenir sous ta domination la gracieuse Clara dont un seul regard vaut plus qu'un gros sac de pfennings d'argent.

Les cavaliers arrivèrent ainsi à la porte St-Marc qui était fermée.

— Qui vive ! cria la sentinelle.

— *Strasbourg, les officiers et les gentilshommes de la ville !* répondit le groupe. Après plusieurs pourparlers du haut des remparts, après que le mot d'ordre fut échangé, les deux ponts-levis descendirent et les cavaliers pénétrèrent dans la cité.[1]

— Par mon arbalète et mes flèches, dit la sentinelle en sondant la base des arceaux et en se blottissant dans sa tourelle suspendue.

— Archer, je suis heureux d'être archer, car je bois à la santé de mes amis, et plaise à Dieu que tout chacun vide son escarcelle avec honneur et prodigalité comme l'a fait Stéphan, je serai toujours heureux de servir ma cité et de me battre sur les bords du Rhin.

C. DES TROIS-PONTS.

www.ingramcontent.com/pod-product-compliance
Ingram Content Group UK Ltd.
Pitfield, Milton Keynes, MK11 3LW, UK
UKHW032005260826
14628UKWH00005B/2290

9 782011 760746